REALIZAÇÃO:

Copyright by Pólen Produção Editorial Ltda., 2016

Concepção do projeto:
Paula Autran
Coordenação editorial:
Pólen Livros
Edição:
Lizandra Magon de Almeida
Revisão:
equipe Pólen Livros (Karin Krogh e Virginia Vicari)
Projeto gráfico e diagramação:
doroteia design/Adriana Campos

Projeto realizado com o apoio do Governo do Estado de São Paulo, Secretaria de Estado da Cultura e Proac 2015.

Dados Internacionais de Catalogação na Publicação (CIP)
Angélica Ilacqua CRB-8/7057

Autran, Paula
Amor que chega / Paula Autran, Valentina Fraiz. --
São Paulo : Pólen, 2016.
96 p. : il., color. ([Palavra de Mãe])

ISBN 978-85-983-4935-0

1. Poesia brasileira I. Título II. Fraiz, Valentina

16-1086   CDD B869.1

Índices para catálogo sistemático:
1. Poesia brasileira

Todos os direitos reservados à Pólen Produção Editorial
www.polenlivros.com.br
tel. 11 3675.6077

Dedico
esse livro
(e a minha vida)
a você, Arthur,
meu filho.
[Paula Autran]

Para Laura e
Soledad,
minhas
melhores
amigas
[Valentina Fraiz]

6

Com a palavra, as mães

NESSES QUATRO VOLUMES repletos de lirismo e emoção, e pitadas do mais puro humor infantil, sete mulheres muito particulares compartilham suas impressões em palavras e imagens sobre a experiência transformadora e única que é ser mãe. Todas elas têm em comum o fato de refletirem poeticamente sobre a relação da mulher contemporânea com a maternidade e todo o universo abarcado por essa ligação.

Assim, os livros não se restringem apenas à conexão entre mãe e filhos e filhas, mas abrangem também todo o universo no qual essas mulheres se inserem em função desses laços.

São retratos de uma geração de mães que refletem dialeticamente sobre como associar os mais diversos aspectos da vida feminina com seus projetos profissionais e artísticos, enquanto buscam criar seus filhos de forma próxima e consciente. Textos leves, pequenos flagrantes do cotidiano, registros breves da fala tão peculiar das

crianças, se misturam a poemas de fôlego, resultado da perplexidade imposta pelos desafios da maternagem.

A variedade de origens e experiências dessas mães – há quem tenha tido o filho sozinha, quem teve um filho com grave problema congênito, quem engravidou jovem demais, quem desafiou a família para fazer valer seus valores em relação à maternidade – garante um coral de vozes harmônico e original, envolvido em um projeto gráfico instigante e forte que, como não poderia deixar de ser, também foi criado por uma mãe com os mesmos questionamentos e alegrias.

Convidamos a todos a embarcar conosco nesse mundo interno rico e sensível, navegando pelo *chiaroscuro* próprio dessa que talvez seja a viagem mais desafiadora da vida de um ser humano.

Lizandra Magon de Almeida, editora (e filha)

e quando você for grandão,

como acha que já é agora mesmo,
vou te contar um monte de coisas
das quais você não vai se lembrar.

(E esse é dos maiores mistérios
dentre o grande mistério
que é criar uma criança:
ser para ela o registro

de uma parte da vida
que fica na cabeça,
no coração,
fluida como nuvens.)

E assim,
das lembranças que eu
e minha cabeça de geleia,

que
perde chaves,
esquece portas abertas,
persianas fechadas,

guardar
nascerá muitos
dos sentidos da existência
que você carregará
para sempre.

Ser a fazedora da
mitologia da trajetória de alguém:
papel mais louco, lindo
e secreto da vida de todas as mães.

Você gosta de **comer paçoca**, faz xixi no box e **dá descarga**.

"Lê" mil vezes o mesmo livro
para repetir a história direitinho
depois.

Gosta de dormir em um dia com
o macaco com chapéu de
Papai Noel e em outro com
o ursinho de laço amarelo

E eu te olho entre o sono e a vigília
e lembro que você já foi
um bebê e antes nem existia
senão
nas nuvens esparsas
dos meus sonhos
insanos,

(e morava entre
projetos de livros,
peças, amores e fugas
que nunca
se concretizaram)
mas você sim

Te olho entre o sono
e a vigília
fecho a porta do
teu quarto de
menino pequeno
com cuidado
e penso: de todo o resto
eu não sei,
seus caminhos
você desbravará
mas pode ter certeza:

te comprarei
paçocas, limparei
o box com esmero e manterei
o laço amarelo
do teu urso
bem
amarradinho,
para
sempre.

Essa noite você teve medo
e correu para a minha cama.
E eu acordei enevoada de sonhos,
e lentamente me dei
conta de que ali, naquele nosso
palco, agora a mãe era eu.

E que podia escolher: te dar a mão,
acolher teu medo de
menino pequeno,
teu pavor da noite, do escuro,
daquilo que dói quando
sorrateiramente
crescemos (sem nem perceber)
na penumbra
dos dias que se vão.

Ou não.

Eu então apertei
teus pequenos
dedos entre minhas mãos,
abri a janela para espantar
as bruxas, bichos-papões e
fantasmas.

E prometi velar
teu sono, mesmo
depois que seus olhos
se fechassem
novamente.
Você dormiu confiante
na minha promessa.

E eu a cumpri.

De manhã, quando você
abriu seus olhos,
eu era a mãe insone
mais feliz de todas:

E eu escolhi sim.
Pus meu colchão ao lado
da tua cama,
te dei a mão e te perguntei do que
você tinha medo.
Você não soube responder.
Disse apenas: tenho medo e só,
mamãe.

por saber que
eu (ainda) posso,
apenas com a força
do meu amor,
te proteger de todo
o mal que há
no mundo.

18

Eu te olho
e percebo que
preciso achar em mim
(em um lugar que não conheço)

tudo aquilo
que você precisa
aprender e que
só eu posso te ensinar:

a ter foco,
a andar para frente
sem olhar para trás

a ter calma,
e organizar seus quereres.

E penso que tudo isso,
que só eu posso te ensinar,
é exatamente tudo aquilo
que preciso aprender.

E olho de novo para
você, com seus grandes
olhos, e penso, um tanto apavorada:
como ensinar algo
que eu nem sei
como (ou onde) aprender?

E é aí que você crava
em mim esses mesmos olhos

e diz: — Mamãe, eu vou
ter calma amanhã,
não agora, tá?

Agora, me conta a história
daquele pica-pau que a gente
encontrou na rua e salvou,
colocando de
volta no ninho?

Vem, mamãe, deita aqui do meu lado,
isso, vem mais perto.
Isso, agora conta.

E eu então entendo que só posso
te ensinar
aquilo que conseguir
(de verdade)

aprender
com
você.

Você acorda, vem para
a minha cama, fala:
bom dia, mamãe. Eu te
cubro de beijos e você foge

(mas gosta, ri)

eu levanto,
a gente toma café,
brinca de bonequinho,
de carrinho, de pula-pirata,
lê livros e te levo na escola,

no final da tarde a gente
vai à pracinha
joga peteca, corre,
e a gente ri.

Voltamos para casa e
você toma banho,
come, deita na cama,
e a gente conversa
sobre o dia:

— Hoje o Thiago Castro não foi,
nem a Luisa. Acho que eles estão
doentes, mamãe.
Ainda bem que eu não tô doente, né?

— É, filho ainda bem que não está.
Ainda bem.

E você diz:
— Agora eu vou dormir mamãe,
boa noite.

— Boa noite, filho.

Aí você vira para o lado e dorme.

E o dia se encerra.
A estrada corre pela janela dos
nossos quartos.
Mas o que eu escuto é o
o barulho do mar,

pois com você aprendo
que a magia mora mesmo
é nos dias
que se sucedem um a um

e que são eles os dias nos quais devemos (e podemos) ser muito felizes.

*Eu olho para minha mala
vazia à espera
de tudo o que vem
e penso (entre lágrimas)*

que queria poder
simplesmente ficar aqui
escrevendo minhas palavras
tortas, assando bolos
fofos e vendo
você crescer.

Penso que não queria ter
que sair como um Neanderthal
à procura da caça de todos
os dias para nos alimentar,
para te proteger do frio,
das noites e de todos os
bichos tenebrosos que nos
rondam.

Mas aí eu penso que se fosse
assim não seríamos nós,
que se fosse assim
as coisas seriam diferentes.

Enxugo as lágrimas
e penso que não quero que
nada seja diferente
do que é (do que somos).

Quero cada um dos nossos dias
como são,
quero colar figurinhas das
Tartarugas Ninjas,
colorir desenhos, fazer bolo de laranja
e creme de milho
sempre que você me pedir.

Então olho novamente
para minha mala e
agradeço a ela por me levar à estrada
e
mais ainda a você,
que me faz tão feliz por poder
finalmente
ter um lugar para o qual sonharei
em voltar
todos os dias
do resto da minha
vida.

Ontem o elevador se fechou
e a sua prima ficou do outro
lado da porta,
na hora você começou a chorar
e me disse:

— Estou com saudade da minha prima.

Eu quase me ouvi dizendo:
mas não é possível, ela
acabou de ir embora,
mas me segurei a tempo
de não dizer
essa grande bobagem...

Pensei rápido
e percebi a beleza daquela cena:

A saudade em estado puro.
Afinal, você parecia me dizer
com seus grandes olhos:

— Mamãe, você
pode me garantir
que eu vou vê-la de novo?

E, na real, eu não posso
mesmo, filho.

Deixei você chorar, te abracei,
te levei até a nossa
diminuta varanda
e suas lágrimas
caíram molhando
o andar de baixo.

Sua prima te acenou,
triste também,
lá de baixo e voltamos
para dentro.

Esquentei teu leite,
adocei com mel,
deitamos juntos e você
dormiu, triste, mas
aquecido e adoçado.

E depois dos seus
olhos se fecharem
eu te disse em pensamentos:

— Obrigada, filho,
por me lembrar
o que significa estar viva:

Equilibrar-se na iminência
de todas as perdas.

Hoje me deparei com um marco da sua **vida** sobre o qual **ninguém** havia me prevenido:

tirar seus livros de menino
pequeno
da estante
para que deem espaço
para seus livros de menino
grande.

Saem os livros de pano,
aqueles que fazem barulhos
e que têm bonecos entre
as páginas.

Entram as histórias maiores,
mais amedrontadoras e
elaboradas, que você
adora decorar

e repetir comigo
quando as leio
antes de você dormir
(todas as nossas noites).

Olho para os livrinhos
e lembro de quando cada um
deles apareceu por aqui.

E penso que o passar
do tempo
se mostra de
muitas maneiras.

Uma das mais bonitas, filho,
é essa:

a das histórias que temos
que deixar ir embora
para que deem espaço para
nossas novas aventuras.

E hoje você faz quatro anos.
E a cada dia ganha as ruas,
os mundos,
os mares.

Que possamos sempre
dividi-los todos,
e que venham muitos
mais anos,
mundos e mares, pois
há tempos
venho nadando
até o fundo,

**e desde que você
chegou por aqui,
filho, continua sempre
dando pé.**

De manhã deixo você na escola,

volto para casa, penduro
a roupa no varal, lavo a louça,
penso no que farei para o jantar e
percebo que estou
protegida da chuva que vejo
cair pela nossa janela.

Sinto que finalmente
não preciso correr
para sincronizar meu passo
com o de ninguém

(nem ficar parada
para esperar
que alguém
me alcance).

E me dou conta de que
apesar de termos
pés de tamanhos
tão diferentes,
nossas pegadas

juntas esboçam
uma trajetória
que desenha apenas
um caminho:

esse nosso
aqui.

32

Quem nunca se preocupou com
as contas a pagar não tem ideia da alegria
que se instaurou no meu coração
ontem, quando olhei para as contas
acumuladas em cima da mesa,

emolduradas pela luz oblíqua
do sol que se esgueirava
pela sala
da nossa morada

e deixei-as lá.

Sentei no chão
e fui brincar de bonequinho com você, filho:
fiz o ninja voar pelos ares
bater numa pilha de carrinhos

e sair voando atrás do elefante voador,
depois coloquei todos dentro de um ônibus
vermelho e fomos tomar
banho juntos.

Embaixo do cobertor quentinho
contamos histórias, falamos
da viagem que faremos na semana
que vem
(e que está paga no cartão
de crédito vencido)
e dormimos abraçados.

Não ter grana para pagar contas
me faz lembrar ainda mais o que realmente
importa nessa vida:

única e exclusivamente ela mesma.

E hoje você chorou porque não te deixei ver TV
com os outros meninos que passam férias
conosco aqui na fazenda.

Queria te ver entre o mato e os bichos,
raros para nós e abundante para eles.
Você ficou bravo e meu coração encolheu
um pouco.
Eu já titubeava quando
começamos a escrever na areia e a andar
entre as árvores.

Fizemos espadas dos galhos caídos
e você ficou feliz de colher abacates e
laranjas no pé.

De repente você virou para mim e disse:
mamãe, isso é bem melhor do que TV!
E eu fiquei orgulhosa de mim mesma

e pensei que ser mãe por vezes é causar
e suportar um choro e em troca
ganhar olhos brilhando, um abraço
apertado e a certeza de que,
de quando em quando
(por incrível que pareça), sabemos mesmo
um pouco mais.

36

E ontem, naquela noite fria,
enquanto lavava a louça,
decidia o que faria
para o jantar e ouvia você
cantando no
chuveiro, me dei conta

de quantas casas, facas,
cobertores, gatos,
abajures, amores,
vertigens, loucuras,
escorredores de pratos,

(de quantas vidas e peles
e
escamas)

tive que abrir mão

para aprender finalmente,

filho,
que a paz
é mesmo
algo
muito
simples.

38

E ontem você pegou
um lápis azul
e riscou as paredes
do meu quarto
e do seu e eu fiquei brava
e depois triste.

Pensei: o que será
que ele quer?
atenção? (mais?)
carinho? (mais?)
quer dizer algo que não sabe?
(o quê?).

E depois que parei
de ficar brava
fui conversar com
você na cama
e perguntei o que tinha
acontecido.
Você me explicou:

— Mamãe, é que as paredes aqui
são todas brancas, que nem as folhas
do caderno.

Eu não queria
fazer nada, eu só queria pintar
a parede.

Lembra que eu te falei
que eu não gosto que
a nossa casa só tenha
paredes brancas?

— É, você falou mesmo.
Tá bom, filho. Dorme em paz.

**E aprendi que às vezes um risco na parede é apenas vontade de ter uma parede colorida, nada mais
(e nada menos) do que isso.**

40

E aí você olha a chuva e me diz:
— Mamãe, sabe o que
tem no céu?
Três coisas:
o sol, a lua e a chuva!

Ri sozinho e continua:
e é muito legal que tem
três coisas no céu!

E eu penso: essa imagem
é linda
para uma poesia e fico
pensando em como a
poesia vai ser.

E demoro muito mais
do que
você olhando o céu,
para perceber
que a poesia é sua (não minha)
e está pronta.

A poesia, filho,
é você descobrindo
o mundo, o sol, o céu, a chuva.
E percebendo (e me mostrando)
o quanto isso basta para a vida
ser legal e (muito) poética.

42

No café da manhã, você diz:
— Mamãe, como faz para esquecer
uma coisa que fica na nossa cabeça
o tempo todo?

(E você estava falando daquele
menino que vimos perder
o dedo no balanço do parque
no sábado passado.
E dos gritos de desespero
da mãe dele.)

**Eu não consigo esquecer, mamãe.
Eu te abraço e digo:
— *Nem eu, filho.***

43

E então percebo que
ser mãe, muito mais
(muito, muito mais)
do que colecionar respostas
(como tola eu achava...)

é ter com quem compartilhar
as tantas perguntas
irrespondíveis
que a vida nos traz.

44

— Mamãe, por que a gente não pode
ter um aquário com peixinho?
— Por que os peixes não devem viver
dentro de um vidro só para a
gente ficar olhando para eles.

Lembra quando eu falei que
a gente deve só olhar
as flores nas árvores?
É a mesma coisa, filho.
A graça da vida também é
olhar as coisas,
sem ter que levá-las conosco.

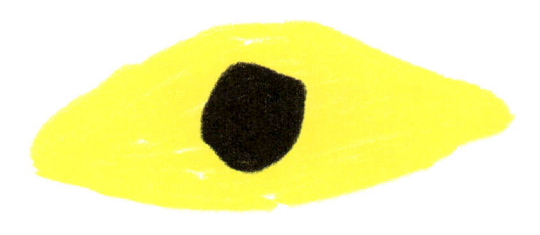

45

E se algumas perguntas

suas me mostram
que as muitas
respostas que eu achava que tinha,
na verdade não tenho,

percebi hoje
que algumas
delas
me fazem ver
que há respostas dentro
de mim que eu nem sabia
que existiam.

46

Das coisas mais legais que aconteceram na minha vida, filho, está conversar com você.

Claro, sempre conversei, mesmo quando você
morava na minha barriga e eu não entendia
como você respirava lá dentro.

Mas é que agora ficou diferente, pois
você passou a pensar por si mesmo
e com uma lógica que não tem mais nada a ver
comigo: a sua cabeça agora é só sua.

Eu não faço vídeos de você,
não te dou presentes nas datas
que inventaram como certas,
mas guardarei para sempre,
como o tesouro
dos navios dos piratas de que você tanto gosta,
a primeira conversa que eu tive com você,
meu filho.

E à **noite** você não queria dormir, ouviu **três** histórias, virou mil vezes **de um lado** para o outro, fiz massagem, cantei e perdi a **paciência**:

— Chega, filho, mamãe tá cansada
e já tá tarde.
— É que eu queria conversar, mamãe.
— Fala, filho.
— Mamãe, sabe por que o Tiê, o Augusto e o
Thiago Castro são tão amigos?
— Porque eles são os mais velhos da classe?
— Não, porque eles se conhecem desde o berçário.
E eu vim de outra escola, né? Da Miguilim.
— É verdade, filho, a gente mudou de casa, né?
— Onde a gente morava?
— Na casa da Bisa, daí a gente veio morar na nossa
casa, eu e você.
— Não, mamãe, a gente sempre teve a nossa casa!
E agora eu vou dormir. Boa noite, mamãe.

Você virou para o lado e dormiu e eu fiquei te olhando
meio apavorada e pensando:
Será que ele já começou a esquecer dos seus
dois primeiros anos de vida?
Será que ele não lembra mais de nada?
Aí você virou de lado e pôs sua mão sobre a minha
e eu entendi:
Nossa casa a gente habita desde sempre.
Nossa casa é esse espaço entre o meu corpo
e o seu, filho.
E a gente leva ela para onde
a gente
for.

**Por dentro das noites,
depois que adormece,
permaneço
momentos sem fim
olhando para você,
porque só eu sei,**

**filho, por onde
andaram
meus olhos
antes de verem toda**

essa luz.

Na praça você chega para mim,
aponta para a menina com a qual
brincava:
— Ela é minha amiga!
E eu (tola, tola...) — Mas você
acabou de conhecê-la, filho!
E você, paciente e didático:
— Mamãe, a gente escorregou juntos,
fizemos bolhas de sabão,
eu caí, ela me deu a mão e olha lá:
ela tá me dando tchau!
Tchau, amiga.

E lá foi você brincar na terra.
É, filho, amigo é isso:
alguém que divide
uma experiência significativa
conosco, nos dá a mão
quando caímos
e nos dá tchau quando partimos.

O que tem a ver quando o
conhecemos?
Se agora ou há mil anos?

Obrigada por me lembrar (sempre)
que a vida são
experiências sendo
vividas,

o resto: bolhas de sabão,
como essas
que sua amiga e você
dividiram há pouco
e que, solitárias,
sobem aos céus
e se rompem
ao menor roçar
dos ventos.

E esses dias seu padrasto foi viajar
e eu, preocupada:
— Filho, você sente saudade do Mauro?
— Sinto, mamãe, eu fico lembrando
das coisas que
eu faço junto com ele.
— Que coisas são essas que você
fica lembrando, filho?
E você:
— Se eu falar, eu vou estar falando
e não lembrando.
Para lembrar eu não
preciso falar, mamãe,
eu lembro dentro da minha cabeça.

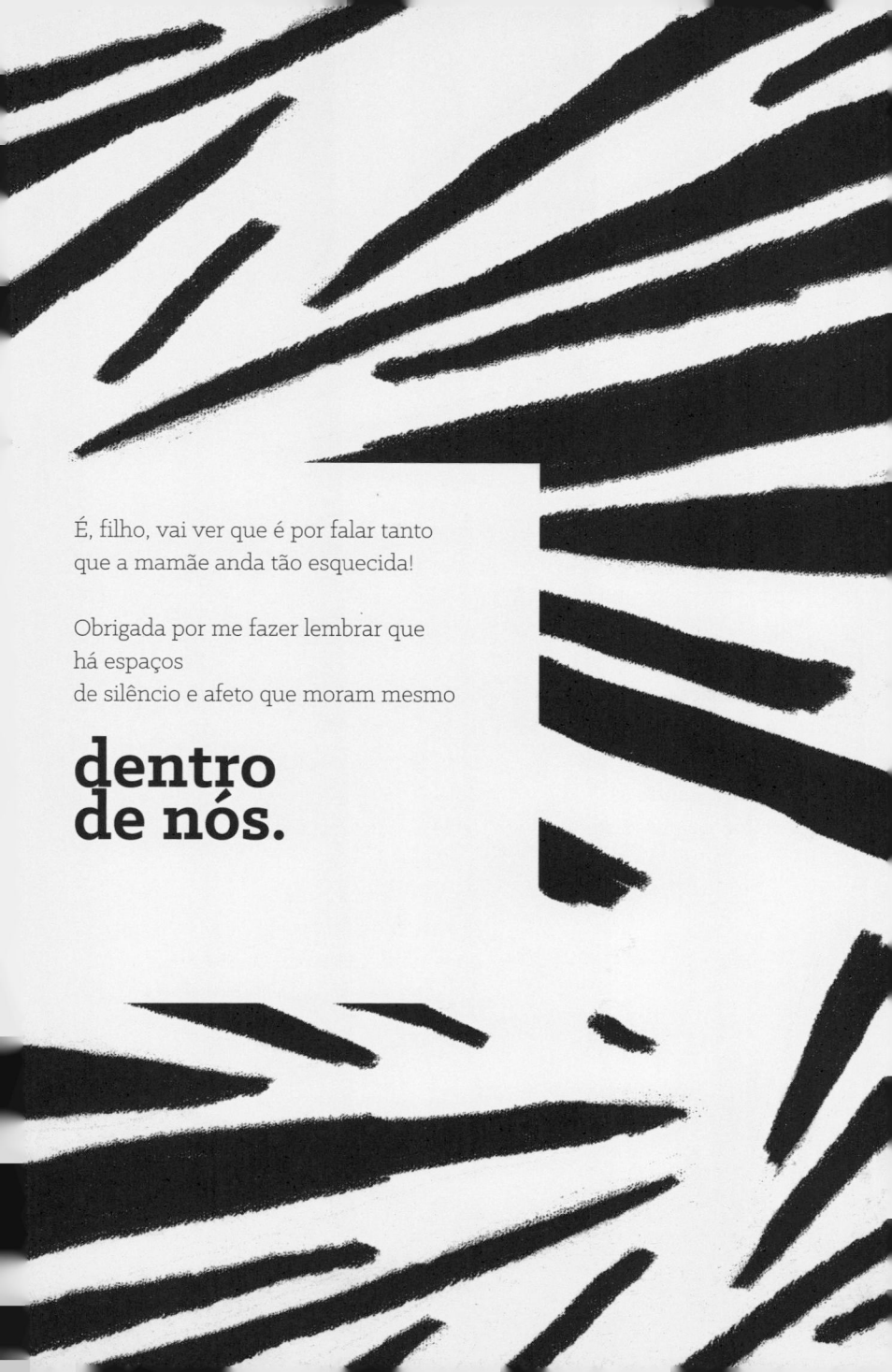

É, filho, vai ver que é por falar tanto
que a mamãe anda tão esquecida!

Obrigada por me fazer lembrar que
há espaços
de silêncio e afeto que moram mesmo

**dentro
de nós.**

54

E no meio do trânsito insano
de final de ano
você quase dormindo no
banco de trás do carro
depois de um dia árduo
de batalhas da vida
decido cortar caminho
pela USP.

Lá fazemos um
piquenique improvisado
corremos, cantamos e você
encontra um tubarão no
laguinho da Praça do Relógio
avestruzes e águias pelas
matas e até mesmo
um homem das
cavernas entre as
pedras que lá existem

aí me dou conta
de que preciso estar
a postos sempre,
para mudar rotas e mares,

e também atenta e forte
para ficar longe
de batalhas que
embacem meus olhos e
me impeçam de enxergar
tudo aquilo que só você
consegue
ver.

E esse Natal ficará para sempre em minha lembrança,
não por nada que se espera do Natal,
mas por uma conversa que eu sabia que teríamos

mas que (tola como sempre) achei
que aconteceria daqui a muitos anos.
Brincando com seus bonequinhos
fiz alguns casais e você me disse:

— Mamãe, você é maluca?
Homem não namora com homem.

E eu:
— Filho: homem namora com homem,
mulher namora com mulher, homem namora com mulher.
Tem casal de todo jeito.
O que importa mesmo é o amor.
Você riu e disse:
— É verdade?
E eu:
— É, é verdade, filho.

Você ficou
satisfeito
e voltou a
brincar.
E eu chorei de
emoção por
poder te criar
assim:
no afeto, no
respeito e na
tolerância.
Chorei de
emoção por
sentir ali como
é fácil
criar alguém
que entenda
o amor
como algo
mesmo muito
simples.

Até outro dia você não conseguia falar
corretamente os erres do meio das palavras,
de repente chegou escandindo todos:
árrrvore, brrrranco, cerrrrto.

Passei então a perceber que seu vocabulário
me escapa totalmente.
No início cada balbucio,
cada som, cada letra foi acompanhado
de perto por mim.

De repente a língua portuguesa
se abriu totalmente para você e aí passei
a ver de longe seus embates com ela.

Você ainda come bolo de
palmilha com chocolate
fica assoado quando corre muito
embaraça as cartas para jogarmos
e não gosta da mánica do elevador.

(Mas estes são os estertores das suas
invenções linguísticas).

Observar você criar seu vocabulário,
te ajudar a se transformar em um ser falante,
mais um dos (muitos) tesouros escondidos
dessa viagem sem mapa
que é ser tua mãe.

E antes de entrarmos no
carro você pergunta:
— Mamãe, vai ter trânsito?
E eu respondo aliviada:
— Não, filho, é perto, não
vai ter trânsito, não.
E você:
— Ah! Que pena! Eu gosto do trânsito.

E então, estupefata, percebo o óbvio:
você é uma criança urbana.
Sim, há coelhos e galinhas
e areia na sua escola,
passamos férias na floresta e no mato,
e no sítio e na praia

mas você é urbano
e o trânsito é divertido para você:
há o moço da bala que você espera
com o dedo em riste:

— Não quero bala,
minha mãe não deixa.

E tem o cara dos malabares,
o engolidor de fogo,
o moço da perna de pau.
E você adora dar moedas
e bater palmas para eles.

E tem aquele monte
de moças distribuindo
papéis que você coleciona
e o cara que nos vendeu
um DVD que não funcionou e
o caçamos dias entre
a massa de rostos
nos faróis.

E tem os caminhões,
os carros batidos,
os túneis, as motos velozes
(e furiosas).

É, filho, você é urbano e
o trânsito é
mais um dos muitos lugares
em que seu olhar mágico vê
toda a poesia que até esse dia
era invisível para mim.

E você tem me perguntado
sobre O Deus (você o chama assim).
Quer saber se ele está morto,
se é um espírito,
onde ele mora,
como pode saber tantas coisas
e como pode nos ouvir de dentro
do teu quarto.

Eu olho teus olhos grandes
e afoitos e respondo
(do fundo do meu coração):
Deus pode ser muitas coisas,
mas para mim foi um presente que você
me trouxe quando morava
na minha barriga.

Foi uma gravidez dura
(isso eu não te disse, mas sei que ainda direi)
passei muito mal, me perdi dentro de mim
e saí disso tudo pela tua mão,

quando percebi que ter filho na barriga
é crer no que não sabemos,
no que está por vir,
em Deus.

E entendi que tua chegada
era meu gesto de fé no futuro
(no teu, no meu, no do mundo).

E espero te retribuir o
presente na mesma medida:
te oferecendo esse mistério
como algo das mais belas
coisas que temos nas
nossas vidas.

O resto, filho, eu não sei, mas
pelo que tenho percebido,
parece mesmo que vamos
descobrir
juntos.

E semana passada fui ao lançamento
do livro de um amigo meu, à noite.
Você ficou no seu tio Carlinhos
e ameaçou um choro:
— Mamãe, você não quer ficar aqui comigo?
Olhos marejados.

Te olhei de frente, respirei fundo e disse:
— Mamãe também passeia.
Também tem amigos,
também precisa se divertir.
Você vai dormir com o titio e quando acordar
eu faço café e te levo para a escola,
como sempre.
Te beijo e saio. Sem olhar para trás.

A culpa me acompanha.
(Afinal, já somos parceiras nessa jornada)
Mas mesmo assim vou, e quero
que você saiba
que isso faz parte de te educar para a vida,
para a felicidade.
Você não é tudo para mim, não é minha vida,
não é meu coração,

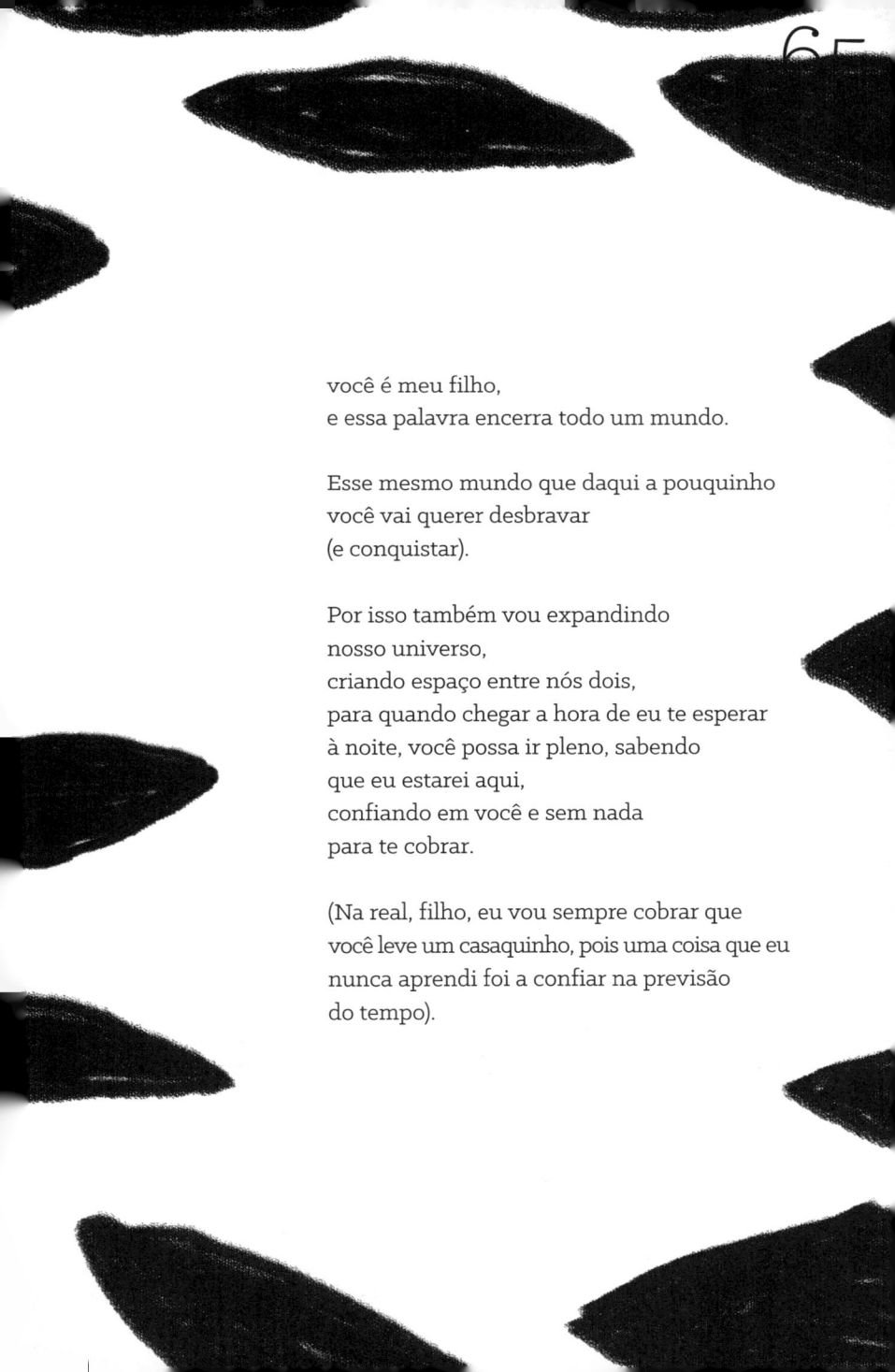

você é meu filho,
e essa palavra encerra todo um mundo.

Esse mesmo mundo que daqui a pouquinho
você vai querer desbravar
(e conquistar).

Por isso também vou expandindo
nosso universo,
criando espaço entre nós dois,
para quando chegar a hora de eu te esperar
à noite, você possa ir pleno, sabendo
que eu estarei aqui,
confiando em você e sem nada
para te cobrar.

(Na real, filho, eu vou sempre cobrar que
você leve um casaquinho, pois uma coisa que eu
nunca aprendi foi a confiar na previsão
do tempo).

Outro dia você me pediu um gato
e eu respondi que nossa
casa era pequena
para ter um bicho,

você então me disse, espantado:
— Nossa casa é pequena, mamãe?

E aí me lembrei de você
andando de patinete
e jogando bola no nosso
diminuto corredor,
de nós dois dançando e jogando
capoeira na nossa sala,

de você voando junto com seus aviões,
super heróis e bichos de pelúcia
por sobre nosso sofá vermelho

lembrei de você brincando sozinho
em seu quarto e inventando mil fábulas
entre seus muitos livros e carrinhos,

e pensei no quanto ainda
tenho a aprender
com você:

— Não, filho, nossa casa
não é pequena,
é meu olhar que a vê do
tamanho que ela é,
o seu (sempre maior
e mais profundo)
enxerga aquilo que nela cabe:
o mundo todo.

E é ele (o mundo) que
importa e não
a fita métrica que ainda
insisto em carregar
dentro do meu
tacanho coração,
que se alarga a cada
dia desde que você

passou
a morar
dentro
dele.

67

E no dia em que você saiu correndo

por aquele enorme
centro atacadista, meu coração
disparou, ao me dar conta de que
pela primeira vez na vida eu
não sabia onde você estava.

Minutos de angústia e ouço um som aliviador:
— Paula, seu filho Arthur te espera na saída.
Cheguei lá e você veio correndo me abraçar.
Aliviada (e culpada...) digo novamente:
— Filho, você tem que obedecer a mamãe,
viu o que acontece?

Você vira para mim e pergunta:
— Mas, mamãe, por que você pode mandar
em mim? Eu não entendo porque tenho
que te obedecer toda hora.

E eu:
— Eu não posso mandar em você. Eu tenho que te dar
limites, filho. Sem limites olha só o que acontece.
— Mas, mamãe... eu tenho limites, olha lá.

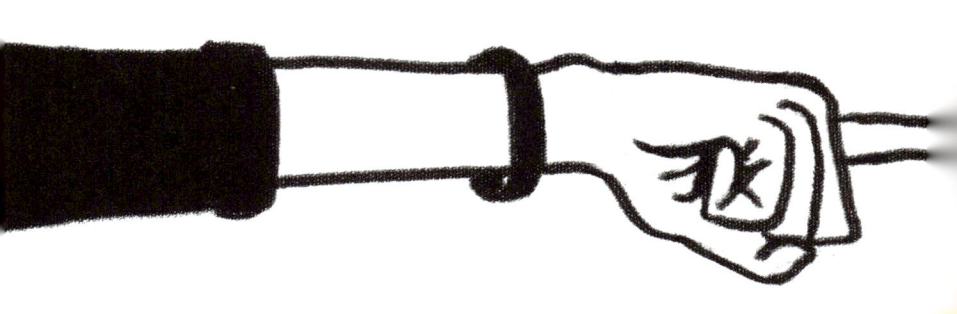

O limite aqui do Makro, é a porta da saída.
Eu parei ali e pedi para a moça te chamar.
Isso não é limite?
— É, filho. É.

E encerrei a conversa, porque não sabia se ria
ou se chorava, e então fomos tomar sorvete.

Mas depois (agora) fiquei pensando sobre limites,
e talvez, filho, seja eu a me sentir limitada
pelo cansaço de tantas batalhas inúteis que
insisto em travar.

E que sou eu mesma, filho, que preciso enxergar (e alargar) os meus.

E hoje você faz cinco anos.
e meu amor por você é feito de tantas urgências

a comida de hoje para te alimentar,
as roupas de hoje para te vestir,
as perguntas de hoje para elucubrar,
as imagens mais loucas de hoje
para desenhar

que não consigo
lembrar de você como era antes
(um bebê, um menino pequeno)
nem consigo imaginar como será
quando for mais velho.

Você me ensina a cada dia
que o amor é feito de hoje,
de urgência,
de tomates,
agasalhos,
e não de raios
que surgem em meio
a nuvens esparsas,
(como tantas vezes pensei).

Parabéns, meu filho,
e que cada dia da tua (nossa)
vida continue
sendo essa jornada feita
de amor, tomates e
agasalhos quentinhos

que levam para longe
todos os raios
e
nuvens esparsas.

E falando com você sobre a minha
próxima peça que estrearemos semestre
que vem, você diz:
— Mamãe, porque escrever
sobre um menino que não sabia chorar?
Por que não escrever sobre um menino
que chora, que nem todo mundo?

E eu, me achando didática:
— Porque o mais legal é escrever sobre
pessoas que fazem
as coisas da forma que ninguém faz.

E você:
— É, que nem um elefante que não tem tromba,
uma borboleta que é transparente,
um menino branco que quer ser negro,
uma pessoa que tem um pai que é um dragão,
né, mamãe?
Tem razão, assim é mais legal.

E continua:

— Ou sobre uma mãe que inventa
e escreve história,
que nem você!
Ainda, pensativo:
— Mas isso eu acho que nem
é diferente, acho que
todas as mães inventam um monte de coisa.
E arrematando:
— Que bom poder ter mãe e que bom que vocês
inventam tanta coisa.

Aí chegamos à sua escola.
Você desce do carro, me dá
seu tchau despreocupado
e eu fico ali,

olhando para seus pés rápidos
entrando naquele
mundo que é só seu e dos seus amigos

e sem fala, com sua capacidade
tão grande de me explicar tudo aquilo
que eu ainda acho que tenho para te
ensinar.

Você e eu passando em frente
ao Cemitério da Dr. Arnaldo:
— Mamãe, por que a gente nunca vai no
cemitério?
— Por que as pessoas que a gente ama
e que já morreram não estão lá.
— Onde elas estão?

(Pausa para pensar em como explicar
cremação de um jeito "light").
— Foram cremadas, que é um jeito de
fazer o corpo virar cinzas. E depois colocamos
as cinzas em um lugar que eles gostavam muito.
— Elas viraram pó?
— É.
— E onde foram meu avô Adalberto e
minha tia Dagmar?
— Foram para a praia, onde eles gostavam de ficar.
— E se misturaram com a areia?
— Isso, filho.

Eu, achando que estava tudo ok e
você, em pausa para a resolução:
— Então, mamãe, eu vou lá e vou cavar,
cavar bastante até achar eles.
Aí vou poder visitar eles de vez em quando.

E continuando, indignado:
— Eles não são areia, mamãe, eles são as pessoas
que a gente gosta e que morreram,
só isso. Pronto.

É, ser tua mãe é assim: emoção, desafio,
lágrimas e risos em frente a um cemitério
em uma tarde ensolarada de volta do sítio.

Não, filho, não há dias, horas, não há vida
prosaica ao teu lado, pois você está sempre
me lembrando que a vida
(e a morte)
são sempre mais.

É, filho, os tantos
fantasmas que
rondam a
minha cabeça
à noite
estavam fazendo
com que as
manhãs
nas quais sempre
brincamos juntos
servissem para
que eu dormisse
um pouco
mais.

E aí você passou, nessas manhãs, a ver
televisão muito mais do que aqueles
minutos usuais contados no relógio.

Eu, culpada, resolvi tomar
pulso da situação
e voltei a ficar ativa (e insone):
e vamos ao parque antes da escola,
e vamos desenhar, e conversar,
e jogar bola.

Ontem você me olhou e disse:
— Mamãe, eu não quero sair,
quero ficar aqui.
Eu:
— Você não vai voltar a ver TV
daquele jeito, filho.

Você, olhos grandes que tudo sabem:
— Mamãe, você ouviu o que eu disse?
Eu quero ficar aqui e não ver tv.

Eu: — Ah, tá, e o que vamos fazer?

Você:
— Mamãe, seu olho tá
daquele jeito,
cansado, deita na minha cama.
Eu vou brincar com meus
bonequinhos de luta,
você não gosta.
Sabe, mamãe, às vezes dá
para só ficar junto,
sem fazer nada.

E corre pelo quarto com
seus bonequinhos em luta.
Eu deito na sua cama de
menino pequeno e penso:
É, filho, estava quase
esquecendo que nessa vida,
às vezes (na maioria delas,
até), basta apenas
ficar junto.

E ao pegar a mala para começar a arrumá-la para uma viagem de trabalho

encontro muitos brinquedos seus, dos que você mais gosta, você percebe, ri e me fala:
— Mamãe, eu estava brincando que sua mala da viagem era um avião dos meus brinquedos.

E a gente ri junto. Você sai brincando pela
casa ansioso à espera da tua avó.
A gente faz um cronograma
com os 15 dias em que estarei em Portugal
lançando meu livro, participando de festivais
e longe de você.

Você escreve com sua letrinha:
Arthur, ao lado de
mamãe, e vai para a janela ver se o carro da vovó
chegou. Conta os dias no papel e diz
que vai estar me
esperando na volta.

Sua avó chega, você pega em sua mão,
se vira e vai...
e eu percebo que se no ano passado,
nos 20 dias em que
fui dar aulas no Nordeste, você aprendeu o que
significa a palavra saudade, agora você
já sabe direitinho o que quer
dizer confiança.

Fica bem, meu filho, e até a volta.

Desde que você nasceu
a poesia apareceu na minha vida:
escondida no saco de arroz
perdida nas frestas das persianas
do teu quarto

pendurada entre o móbile
do teu berço
espremida entre as tampas
das panelas

A cada dia uma nova forma
de ver o mundo, ouvir as palavras,
viver a vida.

Você, filho, e as urgências de cuidar
da tua vida me fizeram poeta
e a cada dia, quando a exaustão
se instala, entre te levar à escola
te fazer comida, te vestir,
(e pagar as contas...)
agradeço o privilégio
de poder de novo
(e sempre)
descobrir, por meio
do brilho do teu olhar, que
a vida é sempre muito mais
do que ela
mesma.

81

82

E ontem, passando na rua de carro,
você olha para os cortadores
de grama que trabalhavam na
calçada e diz:
— Mamãe, quando eu crescer
vou ser cozinheiro e cortador
de grama.

E continua:
e também motorista
e aqueles moços que consertam carro
e também vou ser policial, bombeiro
e também vou ser médico.

Pausa para pensar:
É, eu acho que na verdade eu vou ser
tudo o que é humano, porque eu
quero mesmo é ser uma pessoa.
Eu quero ser tudo o que uma
pessoa pode ser, mamãe.

E eu, emocionada, continuo a te ouvir
sem nada dizer para não atrapalhar
seu fluxo de pensamento, filho,
mas penso que
nesses tempos que correm
não há nada mais belo
(e necessário)
do que querer ser
(simplesmente)
uma
pessoa.

Atravessamos dias desses à noite
a pé uma passarela
que nos levou de um lado da
rodovia a outro.

Eu te disse:
— Tenho um pouco de medo,
melhor voltarmos e irmos de carro.
E você: — Mamãe, eu não tenho nem um pingo,
nem uma gota, nada, nada de medo.
Dá a sua mão que a gente
atravessa juntos.

Eu não quis dizer que o medo não era
de altura e sim de gente, porque
não te quero com medo de nós mesmos.

Quando chegamos ao outro lado,
você me olhou (sem soltar minha mão) e disse:

— Mamãe, eu não tenho medo porque
sou pequeno e tem muita altura para cima de mim,
e aí eu não olho para cima, olho para os meus pés
e vou andando.

Você é mais alta
e fica olhando para cima,
e para cima tem muita altura
e dá medo.

É, talvez o segredo seja esse, filho:
dar um passo de cada vez,
para ter a coragem de seguir
em frente
olhando
(apenas)
para
os meus
próprios pés.

E viemos nós para essa praia longe
de tudo, essa vila, onde ficamos
eu, você, o sol e o céu
tão perto de nós.

E aqui, filho, pude inverter a lógica
que faz com que seja eu a restringir
sempre teu mundo, teus passos,
seja sempre eu a te dizer não.

Aqui, filho, pude finalmente
ser eu a te dizer
(quando encontramos
na pequena vila,
a se jogar no rio, os meninos
livres que aqui moram):
— Vai, filho, se joga com eles,
não tem importância que esteja
sem maiô, vai, é raso, vai, filho,
se joga.

E você a me olhar,
menino da cidade grande,
titubeante

e aquele teu titubeio frente ao rio
rasgou meu coração, mas durou
um segundo.

E lá foi você,
livre como toda criança
(e adulto e gente) devia ser.

Agradeço ao rio que corre
e à sua coragem, porque ela
também amplia meu mundo
e expande o meu coração.

Que venha o ano novo, filho,
e que ele traga muitos
outros rios e mares nos quais
possamos nos jogar
e ir corajosa
e inconsequentemente
na direção que sua correnteza
nos quiser levar.

E nessas férias aprendi mais uma coisa
sobre você e a necessidade de ter amigos.
Agora você sempre me diz:
— Mamãe, qual criança vai ter lá?,
quando digo que vamos fazer qualquer coisa.

E eu sempre penso: Ah! Ele quer
ter alguém da idade dele
para inventar brincadeiras, correr e tal.

Mas depois de passarmos o réveillon
com a sua amiga Luiza, de irmos para a
praia com a sua prima Cecilia, de passarmos
dias com seu amigo-primo Vitor Hugo

eu entendi, filho, que mais do que
amigos para correr ao teu lado, você precisa
de amigos para poder conversar, trocar ideias
e percepções sobre a vida.

Percebi, filho, que aos cinco anos de idade
você, como qualquer outra pessoa,
precisa de amigos para dividir
a experiência de estar vivo
nesse mundo.

E assim você me fez lembrar a falta que uma boa conversa com amigos faz na vida de todos nós.

E assim vou
desvendando
dia a dia
esse novo
dicionário
que é você,
meu filho, que
desde que chegou
por aqui
ressignificou
tudo,
principalmente
a palavra amor,
que nunca mais
foi usada
em vão.

91

paula autran
valentina fraiz

PAULA AUTRAN Aos 9 anos, decidi que seria escritora e escrevi desde então. Tornei-me jornalista e escrevi centenas de matérias; dramaturga, escrevi dezenas de peças; acadêmica, escrevi um mestrado (e ando no meio do doutorado). Escrevi sete livros também. Mas foi só quando tornei-me mãe, com a chegada do Arthur, que passei a escrever poesia. E decidi que sempre que tivesse aquele espacinho escrito "profissão" em qualquer formulário, eu escreveria: escritora. É que ser mãe me tornou escritora, mesmo que antes já tivesse passado a vida a escrever. É que Arthur, ao nascer, trouxe com ele a coisa mais preciosa que poderia ganhar: eu mesma. Esta coleção, que idealizei e compartilho com essas mulheres incríveis que tanto admiro, é a prova cabal de que filho nos torna mais fortes, mais unidas e muito mais corajosas.

VALENTINA FRAIZ Sou venezuelana, mas moro no Brasil há anos. Aliás, cheguei por causa da maternidade, formei minha família em São Paulo. Cresci em Caracas, no ateliê da minha mãe, que era arquiteta, desenhista e aquarelista. Minha mãe fazia cartas desenhadas – os tais dos *emoticons* de hoje – e nós nos divertíamos decifrando o texto-imagem. Quando enveredei pela ilustração, percebi na hora que aquilo era quase a mesma coisa que as cartas desenhadas que minha mãe fazia para nós (e que faço para minhas filhas agora). Soledad, minha filha mais nova fala que meu trabalho parece só diversão. Laura, minha filha mais velha, estuda artes e também usa o desenho para falar dela e do mundo. Soledad e eu moramos numa cidade pequenina, na beira de um rio. Em nosso quintal tem pássaros, cotias, macaquinhos e um tatu arisco que só vem de noite. Deve ser por isso que Soledad desenha tantos bichos.

carolina padilha
graziella mattar

CAROLINA PADILHA Nasci no interior de São Paulo e mudei-me para a capital no final da adolescência, para cursar História na USP. Também tenho formação na área da educação, tendo atuado como professora no início da minha vida profissional. Nasci mãe da Ana, hoje com 19 anos, ainda cursando a graduação, e me formei com um bebê no colo e projetos redesenhados para a vida que agora precisava comportar duas pessoas. Desde 2001 atuo na área de defesa dos diretos humanos de crianças e adolescentes no Brasil. No meio desse caminho vieram mais duas filhas, Alice, 11 anos, e Helena, 8 anos. A casa ficou mais cheia de pequenas surpresas, novos aprendizados e muitas risadas. E também foi ficando mais difícil passar tanto tempo viajando e longe da bagunça das meninas. Hoje, como consultora independente de direitos humanos, em meio à rotina das filhas, trabalho como voluntária em projetos no Brasil e no exterior.

GRAZIELLA MATTAR Quando comecei a ler os textos da Carol, muitas lembranças da minha infância me vieram à memória, principalmente os dias em que podia desfrutar da companhia de minha mãe. Juntas, desenhávamos mapas, recortávamos imagens de revistas, íamos à casa de minha avó, onde descobri a mágica das coisas simples da vida. Nasci em 1974 em São Paulo. Trabalhei por dez anos com educação, e a convivência diária com as crianças fez com que eu me apaixonasse pelo universo fantástico da infância. O que é impossível, improvável, e tudo o que aparece nas brincadeiras das crianças são a minha maior fonte de inspiração. Em 2010 nasceu meu filho Raul, e assim experimentei a sensação mais mágica de todas. Através de suas brincadeiras enxergo o mundo de outra maneira e experimento a simplicidade do dia a dia. Com ele nasceram meus primeiros livros.

claudia pucci abrahão
cibele lucena

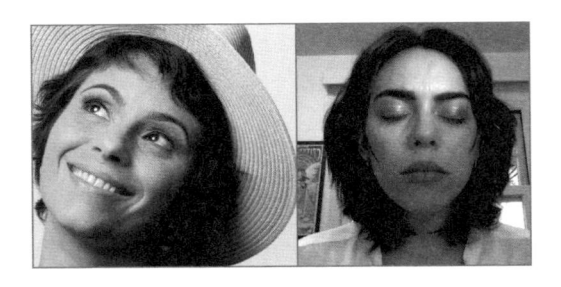

CLAUDIA PUCCI ABRAHÃO Sou uma inquieta transeunte nascida mineira e expandida pro mundo. Me formei em cinema pela ECA-USP, dirigi documentários e curtas-metragens e fiz da escrita e do teatro minha morada. Já fui professora de audiovisual na ESPM e hoje dou cursos de escrita criativa. Fui residente do Royal Court Theatre, onde pesquisei a força poética da palavra em movimento. A partir do nascimento do meu primeiro filho, Pedro, em 2007, começou minha jornada pro centro do mundo – lá comecei a ouvir novas histórias para contar. Em 2015, lancei o *Canto da Terra*, relato poético de minhas quatro gestações, três partos e outras travessias. Atualmente, colaboro com o site Ninhada, ministro cursos na Casa das Rosas e escrevo no meu blog www.giradodelirio.com. Depois que me tornei mãe de três meninos, com eles estou redescobrindo o encantamento – e mergulhando cada vez mais no universo profundo da maternidade.

CIBELE LUCENA A geografia me ensinou a percorrer paisagens. Os coletivos artísticos e as intervenções na cidade, a percorrer o que sinto, perceber meu corpo, como vivo e como me relaciono. Em quase 20 anos de trabalho, aprendi que podemos nos habitar, cada vez mais e com mais potência, e assim habitar o mundo. E também que podemos inventar mundos, quando este não faz sentido. Minha mãe dizia que eu podia ser qualquer coisa, menos professora. Desobedeci (tenho gosto por desobediências). Quando o Gil nasceu, virei também mãe. Tudo isso hoje é inseparável e fala de estar presente, dar nome pro que se sente, escutar, aprender e ensinar, amar e fazer proliferar a vida. Participo do grupo de arte Contrafilé e dou aula em espaços como MAM-SP e Instituto Tomie Ohtake. Fiz os desenhos do livro com tinta guache, cola e tesoura, e a ajuda de Marcos Vilas Boas e Gil Fuser na reprodução e tratamento das imagens. E, filho, elas são pra você!

luiza pannunzio

Quando me percebi pessoa, disse: quero ser desenhadora. Mas pra quem nasceu entre linhas e agulhas, com o barulho da máquina de costura da mãe ritmando o coração, foi impossível ignorar o feitio das roupas que ela fazia. Tenho uma loja, faço figurino para teatro e TV. Ilustro para diversos veículos além de desenvolver projetos pessoais. Tenho uma REDE de apoio para famílias que, como a minha, tiveram filhos com fissuras e outros defeitos na face. Estudei artes na FAAP e por um bom tempo me distraí com a fotografia. Cresci, namorei, chorei, sofri, separei, me diverti pacas, casei outra vez e o desenho foi para sempre meu companheiro. Como quem conta uma história em folhas avulsas – tantas, que perco parte delas pela casa. Por uma vida menos ordinária, criei personagens que escapavam a realidade dos dias mais difíceis. Foram alívio. Quando os filhos vieram, fruto de um enorme amor, o desenho se manteve ali. Firme e forte a me salvar. Fazendo o diálogo que me faltava com o mundo que separava as mulheres mães de todo o resto. Então, a solidão ficou para trás. Mas foi o desenho que me resgatou por toda a vida e até agora. Me dando este olhar pra fora. Quando Clarice nasceu, eu, que já gostava de escrever, resolvi começar a fazer um diário para ela, como minha mãe fez para cada um de seus filhos. Quando Bento nasceu, não foi diferente. E o resultado desses primeiros 5 anos de nossa convivência você lê neste livro aqui. Despretensioso que só. Como diria a minha avó: "serve para não esquecer." Precisava falar sobre nós. A gente, você, ela, eles todos. O amor. Mas eu ando mesmo a escrever para que possam vocês – ler, quando crescidos. E, principalmente, para que possam me perdoar.

Tipografia
Klinic Slab
Papel
**offset 90g [miolo]
duo design 250g [capa]**
Gráfica
Bartira
*Impresso
na primavera
de 2016*